나는 오른쪽을 사랑하지만
왼쪽은 나를 사랑한다

김이수 시집

문학의전당 시인선
384

나는 오른쪽을 사랑하지만 왼쪽은 나를 사랑한다

김이수 시집

문학의전당

시인의 말

이제,
나의 본색을 정리할 일만 남았다.

2024년 10월
김이수

차례

제2부

제3부

제4부

제1부

나를 필요로 하는 곳들

소녀야, 너는 반짝이는 별 어린 수빈이와 아픈 할머니의 한 끼 식사를 선물해 주세요 은주에게 키다리 아저씨가 되어주세요 청력뿐 아니라 마음 회복도 돕습니다 나는 열여덟 어른입니다 어른이 되면 괜찮아질 줄 알았어요 혼자라고 생각해서 더욱 힘들었을 이들의 이야기를 들어주세요 강제 실향민 1억 명 흙탕물마저 귀한 아프리카 더는 물 때문에 아프지 않길 생명을 살리는 5달러 당신의 후원이 세상을 치료합니다 위기에 처한 지구 더 늦기 전에 지켜주세요 모든 어린이의 권리와 행복이 실현되는 세상을 만듭니다 차별 없는 구호를 외쳐주세요 사랑의 온도 급상승 오늘은 물에 밥 말아 먹지 말아요

---

*각종 구호단체의 광고 문구.

잘 풀리는 집

2번 창구에서 보험에 가입한 고객이 잘 풀리는 집을 들고 나간다
유모차를 끌고 온 할머니의 누런 적금통장도 잘 풀리는 집을 얹어가고
사과를 예치한 농부가 잘 풀리는 집 두 채를 트럭에 싣는다
휠체어에 의지한 어르신을 잘 풀리는 집이 뒤따라가고
전대를 찬 여자가 꾸깃꾸깃한 지폐를 수북이 꺼내 놓고
잘 풀리는 집과 바꾸어 간다
잘 풀리는 집은 잘 풀리는 집만 따라간다

3번 창구에서 대출금 이자를 갚으러 온 고객이 힐끔힐끔
잘 풀리는 집을 스캔한다
태풍 곤파스에 하우스 지붕을 날려버린 초록이네 상추농장은 폭삭 주저앉았고
과수화상병으로 사과나무 오백 주를 땅에 묻은 김명길 씨는
뉴턴의 사과처럼 어딘가로 굴러갔다
국제유가 급등으로 기온이 내려갈 때마다 청년 농부 이상수 시설채소가 몸살을 앓는다

잘 풀리는 집은 폭락한 쌀값도
복숭아 냉해 피해도 아프리카돼지열병도
구제역의 눈물도 닦아주지 못한다
잘 풀리는 집은 운명을 가리지 않는다
창구에 쌓인 잘 풀리는 집이 누군가의 손길을 기다린다

책상 위에는 식은 커피가 덩그러니 놓여 있고
업무용 PC 화면에는 독도가 떠 있다
8월 25일 목요일,
오늘은 잘 풀리는 집*이 제대로 물을 먹었다

---

* (주)미래생활 화장지 브랜드명.

블랙홀

입안에 웅덩이가 파였어요 괴롭고 쓰라린 맨홀 그 안에 혓바늘이 가득 쌓이고 있어요 프로폴리스 한 방울 받아 물고 더 아찔한 통증 아래로 추락했어요 침보다 독한 눈물을 삼켰어요 괜스레 슬펐어요 나 아니어도 해는 뜨는데 어제의 어제까지의 일상이 미웠지요 오늘의 당신도 미웠어요 당신은 어제의 혓바늘처럼 맨홀 속에서만 얼굴을 보여주었어요 그런 당신에게 마음을 내어준 순간이 더 고통스러웠지요

이것을 나의 방심이 불러온 참사라고 해야 할까요

코로나 氏가 다녀간 문화동 사거리 풍경

문화동 사거리에 낡은 불이 들어왔다
달력만 한 간판이 서로 입맞춤을 하고 있는 짝 노래방
이민 갔던 한국관에도 불이 들어왔다
멀리 있던 안부를 싣고 온 시외버스도 돌아오고
공터에 묵혀 있던 관광버스에 전조등이 켜졌다
153 GYM 헬스장 밖으로 우락부락 불이 들어오고
대중목욕탕 굴뚝에도 연기가 돌아왔다
엔젤 피아노학원 노란 승합차에 아이들이 돌아오고
지하 미소 pc방에는 디아블로가 돌아왔다
인디언 매장에 벌거벗은 인디언은 뜨겁고
사거리 웨딩홀 간판도 다시 드레스를 입었다
미자네 아버지 통장에도 모처럼 웃음이 쌓인다
맞은편 농협 365 자동화기기는 야근을 준비 중이다
365일 할인매장에 왁자지껄 소란이 돌아오고
문화 셀프 주유소 앞 풍선인형은 종일 땀을 흘린다
8282 대리운전 김 기사 얼굴에도 콜이 돌아왔다
힘찬인력 사무실에 두 주먹 불끈 쥔 인력들이 돌아왔다
마스크에 가려 있던 내 얼굴에도 근심이 돌아왔다

종이는 늙지 않는다

빈 박스에 낙엽이 끼여든다
폐지가 구겨진 몸뚱이 위에 힘겨운 노파를 앉힌다
두 다리가 두툼한 박스처럼 무겁다
노년의 느려진 육신의 호흡이 폐지 위에 눕는다
쌓아놓은 중량만큼 하루가 든든하다
노루 꼬리만 한 햇살이 노인의 등으로 흘러내린다
정수리쯤에 치켜 쓴 모자가 유일한 그늘이다

마음마저 실어서 흩어진 흔적들을 저울에 올려본다
바람의 무게가 노인의 일평생을 받쳐준다
슈퍼 안을 기웃거리는 안경이 맑고 쓸쓸하다
반쯤 내린 마스크 속 늙은 입꼬리가
마블링 가득한 소고기 광고에 내려가고
노파의 무딘 손이 빈 박스를 끌어당긴다
박스 더미가 리어카에서 춤을 추고
쌓여 있는 박스들이 지나온 시간들보다 위태롭다

목행마트 앞 파란 신호등은

세월의 속도보다 빨리 깜박인다
늙은 느티나무 잎처럼 떨어지는 땀방울
낙엽처럼 헐떡인다
추운 계절이 노파의 손에 달라붙는다
리어카가 굽은 등을 끌고 간다

종이는 구겨질 뿐 늙지 않는다

공과금수납기

농협 공과금수납기 앞에 반백의 노인이 서 있다
체크카드를 뒤집어 넣고 무한정 짜증을 낸다
기기는 반복적으로 다른 길을 요구한다
공과금 납부 버튼을 누르는 손길이 둔하다
낯선 화면만 뚫어지게 노려보고 있다
체납된 고지서 대신 등을 구부리고
수납기 속으로 자신을 밀어 넣고 있다
비밀번호 입력창이 뜨고
긴 실랑이 끝에 카드와 명세표를 받아 든다
—6·25 영웅들의 유가족을 찾습니다
화면에는 광고들이 스크린처럼 지나가고
노인의 귓속으로 총성이 지나간다
꾸욱 눌러쓴 모자에서 별 하나가 반짝인다
일평생 내려놓은 적 없는 참전용사 모자
수납기가 노인의 일생을 반환구로 토해낸다
오후 네 시의 바람만 수납기를 가득 채운다

오류

월요일 아침 은행나무 이파리가 똑똑 떨어진다 빨간 신호등 앞에서 브레이크를 밟는다 발이 푹신하다 아뿔싸! 운전석 핸들 밑으로 등산화가 보인다 등산화가 가속페달을 밟는다 떠오르는 스케줄과 전략회의 사이에서 나는 잠시 회의(懷疑)에 빠진다 월악산 삼거리 지나 마즈막재 삼거리로 접어든다 가속페달과 브레이크 사이에서 등산화가 잠시 방황을 한다 월요일 업무와 구두를 짊어지고 계족산을 오른다 산 아래로 내려다보이는 건물들 사이로 나의 직장 농협이 보인다 오늘의 심사는 우박 맞은 사과 판매 방안인데, 졸지에 우박 맞은 사과가 등산화를 신고 계족산에 올라와 있다

오봉집

시청 옆 골목길 들어서면
O자형 쟁반이 놓인 오봉집이 있다
쟁반에 진홍빛 목단이 활짝 핀 오봉이 쌓여 있다
오봉을 타고 앉은
사랑, 그리움, 이별, 슬픔, 그리고 분노
오봉 위에 뒤엉킨 봉우리들 낮아져 사라지는 것을 본다
오봉 위에 수다가 쌓이는 동안
큰 접시에 나온 낙지볶음이 목단 꽃잎 위에 놓인다
우리는 낙지를 먹으며 목단 이야기를 한다

목단이 피는 이야기와
목단 모가지를 꺾던 바람 이야기와
목단을 버리고 나간 주인 이야기와
빈집에 핀 꽃 이야기와
꽃잎이 진 꽃밭 이야기가 오봉 위에 쌓인다
낙지도 꽃이었을까
목단이 고기였을까
우리는 꽃과 낙지 사이에서 주절거리며 밥을 먹는다

하루를 잘 보낸 이도
하루가 힘들었던 오봉도
숨 가쁘게 달려온 수다들은 다 한통속이다
오봉은 춤을 추고
한통속인 우리는 여름날의 진상을 들춘다

오봉 위에 진홍빛 목단이
수다를 귀에 담느라 목을 길게 빼고 있다
오봉 위에는 빈 그릇만 수북이 쌓여가고

인턴

해마다 사월이면 직장인에게도 꽃이 핀다 오늘의 연산홍은 아프게 피었다 담뱃재처럼 툭, 꽃잎이 떨어진다 K의 손끝에서 담뱃재가 툭, 떨어진다 오른쪽 구둣발로 비벼 끈다 다시 발을 옮기고 발등을 내려다본다 K가 연신 피워대는 연기는 저 연산홍과는 상관이 없다 한참 후에 허리를 숙여 꽁초를 줍는다 천천히 정오가 일어선다 K의 한숨이 반쯤 남은 커피잔에 쌓인다 네모난 창문 모서리 환풍기에서 흘러나온 해장국 냄새에 연산홍 꽃잎이 몸살을 앓는다 두 개의 벤치가 서로 등을 돌리고·앉아 있다 험난한 것들을 통과한 무대에 K를 끌어당기고 의자를 내어준다 점심식사 후 자판기 커피를 들고 걸어가던 K의 모습을 떠올려본다 연봉, 워라벨, 인간관계란 그런 것이다 개인의 성장이든 능력에 맞는 보상이든 등을 돌린다고 끝은 아닌 것이다

나는 오른쪽을 사랑하지만 왼쪽은 나를 사랑한다

오른쪽 어깨에 통증이 있었지만
파스만 붙여주고 외면하고 살았다

방치함으로써
오히려 돌본 것이다

아픈 오른쪽보다
멀쩡한 왼쪽을 더 걱정하는 삶이었다

나는 오른쪽을 사랑하지만
왼쪽은 나를 사랑한다

페르소나

은행 객장에 불이 켜지고 숫자들이 몰려 들어온다
모니터를 깨우기도 전에
특판 상품금리가 먼저 숫자들을 맞이한다
찌그러진 숫자들과 통통 뛰어다니는 숫자들과
신바람 난 숫자들과 눈물 젖은 숫자들과
비린내 나는 숫자들과 이름 모를 숫자들이 지나간다

숫자들은 저마다의 이유로 분주하고
책상 위에는 위조지폐 확인법이 놓여 있다
전략상품 마케팅 가이드가 종류별로 쌓여 있다
객장 안 배너는 농부적금으로 숫자들을 유혹하고
vip입출식통장은 자유롭게 드나드는 숫자들을 좋아한다
내맘N콕통장은 숫자들을 콕, 하고
주택청약통장은 당첨을 소원하는 숫자들을 안심시킨다
모니터 안으로 돈이 들어가고
그녀는 정장을 입었어도 운동화를 신었고
구두를 즐겨 신는 책상 밑에는 구두 한 켤레가 있고

새잎이 돋으려는지 옆구리가 뻐근하다
창으로 들이치는 황금빛이 객장을 진찰하고
직원들은 분주히 오가며 돈다발을 묶는다
금전수는 더 진한 녹색으로 가면을 쓴다

은행나무와 은행 사이

오늘 그녀는 커피잔을 들고 나를 바라보네
심각한 얼굴로 통화를 하고 있네
슬픔이 쥐어져 있네
작은 귀가 우는 것처럼 보이네
그녀는 아침마다 출근을 하네
1층 2층 3층
새싹이 들여다보아도
구두 소리만 또각또각 오르내리네

새싹이 돋았네
새싹이 그녀를 힐끔 쳐다보네
그녀는 쌓인 눈과 녹은 눈을 기억하네
내가 노란 옷을 다 벗을 때도
그녀는 여전히 서류철을 들고 다니네

헐벗은 은행나무가 종일 은행을 지키고 서 있네
나는 커피를 들고 무심한 얼굴로
그녀의 슬픔을 바라보네

그녀는 수십 년 저 자리에 근무하고 있네

그녀는 저 은행나무의 빗소리를 기억하네
그녀는 저 은행나무의 겨울을 기억하네
그녀는 저 은행나무의 눈물을 기억하네
그녀는 저 은행나무에서 쫓겨난 까치를 기억하네

상담의 세계

연두가 오고
분홍이 갔다

연두의 총총걸음이 자동화기기 앞으로 비껴갈 때
모자를 꾹 눌러쓴 여자의 번호표를 잡은 손이 구겨져 있다
공과금 기기에 매달려
여러 번 비밀번호를 누르는 사람의 손이 벌겋게 달아 있다
부끄러움은 온전히 자신의 몫이다
상담 직원은 머리를 조아리며 금리를 흥정하고 있다
연두의 대기표는 길어지고
사람을 그리워하는 자동화기기도 점점 연두가 되어간다

분홍의 아파트가 날개를 달았다고
창구를 들었다 놓았다 하는 분홍의 치맛바람이
페널티를 받고도 빨간 립스틱만큼이나 진한 여유가 있다
감추어진 부끄러움이 스물스물 올라오도록
기껏 집값 좀 올랐다고 거드름을 떨고 있다
자동화기기는 또 사람을 기다린다

대출이 오고
상환이 갔다

조합장 선거

오전 7시, 가진 옷 중에 가장 깔끔한 옷으로 갈아입고 나온 여든다섯 살 김영철 조합원님 대기 중인 엘리베이터 안으로 들어선다 발을 굴러도 꿈쩍하지도 않는다 그사이 유권자인 조합원들이 한 사람씩 들어온다 사과나무 전지하다가 사다리에서 떨어져 목발을 짚고 나온 초보 농부가 재빨리 버튼을 눌러준다 놀란 가슴 쓸어내리고 초보 농부를 따라 투표장에 들어간다 거친 손으로 내민 신분증에는 십 년 전 김영철 조합원이 웃고 있다 두 계단씩 껑충껑충 뛰어올라 들어가는 청년 농부에겐 봄도 선거판이다 청년 농부를 따라 하우스 농가 조합원들이 삼삼오오 도착한다 긴장을 밀치고 우르르 계단을 올라간다 책상 위 컴퓨터는 점점 뜨거워진다 갖춰 입은 옷차림에 여유가 보이는 귀농인이 깔끔한 웃음을 안고 투표장을 빠져나간다 7시와 17시 사이에 다녀간 수많은 발걸음들 사이 오직 하나의 행운만이 기다리고 있다 노을이 건물 안으로 밀려들어온다 시계는 17시에 멈추었고 투표장 안의 컴퓨터는 비밀을 간직한 채 눈을 감는다

제2부

꽃이 왔다

꽃이 너무 와서
걱정이다

서랍 속으로 약들이 하나둘 들어온다
먹어야 할 것들과
먹지 말아야 할 것들이 더 늘어난다
생각이 무디어진다
사랑도 식어간다
마음이 더 예뻐야 한다는 핑계
나이테에서 향기가 나야 할 때
모든 것이 지치고 버거워
걱정이다

걱정이 너무 와서
꽃이 된 사람

사랑한다는 것은
내가 아직도 당신을 걱정하고 있다는 말

행복한 우동 가게

시인의 공원 울타리 넘어
소설에 미친 행복한 우동 가게 주인이 있다

시에 미친 사람들과
수다광인 그녀와
사랑에 미친 젊은이들 사이에서
우동 가게 돌우동은 미친 맛이다

참으로 행복을 원했었고
참으로 최선을 다했지만
참으로 씁쓸한 맛뿐인 세상에서
우리는 점점 미쳐가고
점점 밤이슬에 젖어간다

예약석에는
주인이 긁적이다 만
우동 가게가 주인공인 소설이 예약되어 있고
옆자리에는

술에 미친 시인들이 마시고 남은
열두 달을 삼킨 소주병

집으로 돌아오는 먼 길
양은냄비 안에서 우동 가락에 엉키어 끓던
소설 한 문장을
천천히 건져 먹는다

가을 전어

천장까지 화려한 버스는 달리고 쉰둘 청상 음성댁과 그녀들 버스 안에서 뒤섞인다 제천댁은 모처럼 천등산 박달재를 웃으면서 넘는다 충주댁 가슴은 콩당콩당 가야금을 탄다 영동댁은 명치끝에 무언가를 털어내듯 명동 블루스를 터벅터벅 밟는다 음성댁은 흔들리는 것들과 눈 맞춤하고 비로소 흔들리지 않으려는 생각을 버린다 내륙에서만 평생 산다는 옥천댁은 하얀 휴지를 이마에 두르고 향수를 뿜아낸다 버스는 달리고 급브레이크에도 아랑곳하지 않고 청풍댁 몽클한 젖가슴은 뛴다 버스 안이 터질 듯 부풀어 오른다 전어가 뛴다 복숭아가 물러 터진다 물컹한 여름은 다 잊겠다는 듯 질펀한 춤사위의 힘으로 버스는 달린다 커튼 밖으로 바다가 가까이 보이자 그녀들은 서천을 향해 그물을 던진다

마늘밭

텃밭에 묻어 놓았던 쪽마늘이
잘 여물어 손안에 꽉 차기까지
돌을 피해 자리를 잡아주고
얼지 말라 이불 덮어주고

드디어 우주를 열어주던 손길
알싸한 맛은 추운 겨울을 견딘 이야기
뻥뻥 마늘종 뽑히는 소리
그리고 그리고
휘어져 가는 허리춤에 도란도란 굵어지던

마늘밭은 온통 엄마의 바람
엄마에게도 연분홍 시절이 있었다
마늘쪽 치아로 새하얗던 미소를 모셔와
기억을 호출하면
매운 통증이 따라온다

새로운 여성

지난주 MRI와 사랑을 하고 온 후배의 소식을 듣고
오늘 그 자리에 검진 차트를 꽂는다

사랑을 한 적이 얼마나 되었던가
파르르 떨리는 두 다리를 움켜잡는다
검진실 안에서 누군가 노려보는 듯하다
탁자 위에 놓여 있는 여성지를 뒤적거린다
CT가 이름을 부르기 전까지
오 분이 오십 분을 안고 간다

객실 안으로 들어서는 설렘과 흥분
두려움과 구설수를 억누르고 눈을 감는다
온갖 두려운 상상 속에 숨을 죽이고
밖에서 들려오는 웅성거림에 화들짝 놀라기도 한다
숨을 참고 내뱉기를 반복하다가
사랑을 한 적이 또 얼마나 되었던가
내게 사랑은 아직 살아 있는가
자문하며 자가진단하다가

다시 눈을 감는다

무심한 말투에
어제의 후배는 걱정 없이 누웠을 터
오늘의 나는 필요 없는 걱정으로 누워 있다
새로운 여성을 기다리며

수안보 노천탕

인물 좋은 엉덩이가 노천탕으로 들어온다
부끄러운 젖가슴을 감추고
힐끔힐끔 주위를 곁눈질하며
풍만한 둔부의 여인들
아랫도리를 온천탕 안으로 집어넣는다

아이 대여섯은 순산했을 저 음부는
얼마나 뜨거웠을까
몸을 담그는 순간
온천수는 점점 뜨거워지고
뜨겁게 뜨겁게 데우는 동안
인물 좋은 엉덩이에 자꾸 눈길이 간다

소나무 뒤에 숨어서 훔쳐보는 바람도
담장 위에 기웃거리는 새들도
하늘 낮은 낮달도
이 순간만큼은 다 한통속이다

가려진 것들 사이로
엉덩이만 도드라져 보이는 수안보 노천탕
어차피 겉모습은 표면일 뿐
저 여인들의 진면목은 엉덩이에 있다

우연한 풍경

이른 아침 김 씨가
붉고 자잘한 둑새풀 빽빽한 논을 갈아엎는다
써레질한 논물 속에서
산벚나무가 몸살을 앓는다
지나가던 늙은 유모차가 혀를 끌끌 찬다
그 뒤를 따라 낯선 자전거가 지나가고
봄바람 난 구름도 지나간다
뻐꾸기가 눈물로 논물을 댄다
물은 하늘이 되고
하늘은 물이 된다
논물 위를 지나던 제비가 물수제비를 뜬다
논두렁을 지나
이른 아침 김 씨의 수심을 지나
뻐꾸기 울음과
개구리 울음 사이를 지나면
거기, 우연한 봄날이 있다

우연한 산책길

진돗개가 아이를 끌고 간다
산책길은 터벅터벅 아이를 밀어주고
신이 난 진돗개 붉은 혀가 석양까지 길게 뻗어나간다
단풍나무 아래 영역표시를 하는 사이
아이는 여자가 된다
구절초가 재빨리 꽃을 피워내고
여자의 하얀 웃음이 진돗개를 끌고 간다
맞은편 36번 국도에는
늦은 저녁이 수안보로 향해 가고 있다

소리는 잠들지 않는다

밤늦도록 눈이 내리고
어디선가 뜬금없이 매미 소리가 들렸다
달아난 잠 사이로 매미가 운다
밤바람 사이에서 운다
눈발 사이에서 운다
종일 쌓여 있던 잡음일까
시끄러운 마음을 긁어내는 소리일까
점점 더 다급하게 흘러드는 강물 소리
점점 더 깊어지는 우물 속 두레박 소리

동네 병원에서는 소리를 찾지 못했다
더 큰 병원을 찾아갔다
오른쪽 귀에서 매미 한 마리를 꺼냈다
꺼내지 못한 울음들이
몸속에서 발화했다

패딩 깊숙이 묻혀 있는 솜처럼
상처들은 더 깊이 빠져들고 있다

잡음 속에서 매미가 운다
그치지 않는 매미 소리
눈은 점점 폭설이 되고

소리는 잠들지 않는다

사랑할 나이

앞마당에 진돗개 두 마리가 이사를 왔어요 한 놈은 진도에서 왔고 또 한 놈은 부산에서 왔어요 나는 진도에서 온 놈을 거시기라고 불렀고 부산에서 온 놈은 가시내라고 불렀어요 "이리 오랑께" 속삭여보지만 거시기는 꼼짝도 하지 않았어요 거시기는 거시기답게 무뚝뚝하고 도도했어요 그런 거시기를 보며 가시내는 돼지국밥 같은 암내만 풍겼어요 "뭐 하고 있노" 물어보지만 수줍게 꼬리만 말아 올려요 거시기는 목줄 맨 말뚝 앞에서 뜬구름만 뭉개고 있어요 가시내 똥줄이 타는 걸 아는지 모르는지 달달한 낮잠만 즐기고 있어요 가시내를 지나가는 닭 보듯 해요 저 가시내를 위해 내 뒤꿍무니라도 갖다 바쳐야 할까 봐요

아무려나

축구광인 나는 시인이다

미치지 않으면 살 수 없는
시도 축구도
나에겐 하나다

내일은 짬뽕에 미칠까
닭발에 미칠까
피자에 미칠까
먹는 것에 수시로 미쳐버리는 식욕은
축구에 가까울까
시에 가까울까

정도를 버리고
딱 한 번만
사랑에 미쳐버릴 수 있다면

구멍 난 미소

과장 승진 턱을 내던 날
기둥뿌리 흔들렸다
축하주를 돌리다가
바닥에 연결된 전깃줄에 고꾸라졌다
앞니 한 개 부러졌다

까르르르
직원들의 웃음이 바닥에 닿기도 전에
일그러진 입술이 먼저 붉었다
흔들리는 뿌리를 뽑아내던 날
미소도 함께 구멍이 났다

코를 박고 부서진
웃음값은
콧대보다 높았다
가지런한 듯 구멍 난 헛웃음
술 한 잔과 맞바꾼 앞니 한 개
한 달 치 월급으로 심었다

아카시아 꽃이 피었다 질 때마다
하얀 이가 활짝 웃었다

혼자 사는 방식

등이 가렵다
등을 침대 바닥에 비벼본다
양어깨를 활짝 펴고 날갯짓을 해댄다
닿을 듯 닿을 듯 닿지 않는
침대 위의 허공

같이 살아도 잡히지 않는 것이 있다

뼛속까지 긁어주는 못이 필요하다
문틀 모서리에 등짝을 맞춘다
허공에 던져지는 헛것들
구석퉁이 못 하나 마주 본다
못은 다급할 때마다 내 곁에 있다
때로는 시퍼렇게
때로는 벌겋게
등가죽이 까지는 줄도 모르고 못에 비벼댄다

두 손이 아니어도 나는 살 수 있다

혼자 누워 못을 생각한다
혼자 누워 못을 사랑한다

립스틱의 오후

B 레스토랑은 그녀의 은신처다 온갖 세상사가 모여 있고 젊음을 되돌리는 장소이기도 하다 내일모레면 팔순을 맞이하는 그녀 레스토랑 빈 접시가 나가기도 전에 거울을 꺼낸다 와인 두 잔을 마주하는 사이 입가 주름이 숨을 고른다 바르르 떨리는 미소 위에 달갑게 립스틱이 내려앉는다 맞은편 젊은 여자는 멋을 잊고 산 지 오래인 듯 무덤덤한 입술을 가졌다 레스토랑 창문에 얼비친 그림자에 흘깃 눈길이 간다 발그레한 입술이 어딘가를 보고 있다 분홍 립스틱을 덧칠한다 루즈가 번지는 오후가 좋다 그녀는 점점 거울 속으로 빠져들어 간다 분홍 립스틱이 모른 척 여자의 입술에 올라앉는다

제3부

제비 똥

그러더니 제비 부부가 처마 끝에 개어온 흙들을 붙이고 둥지를 만들었다 그러더니 얼마 지나지 않아 알을 품고 새끼 제비를 만들었다 그러더니 둥지 안은 금세 똥으로 가득 찼다 그러더니 새끼는 유리문에 걸터앉아 똥으로 그림을 그리기 시작했다 그러더니 동그라미 안에 피라미드를 만들고 미끄럼틀도 만들고 폭포수도 만들었다 그러더니 새끼 제비들은 그것이 그림인 줄도 모르고 날갯짓을 해댔다

때늦은 사과

액자 속에는
르네 마그리트의 웃긴 사과가
웃긴 사과에는 눈물방울이 맺혀 있다
눈물방울에도 사과의 영혼이 있는지
코끝에 시큼함이 묻어나고
끝내 사과를 좋아하는 나는
끝내 배가 고프고

사과 옆에는 말아 올린 파란 이파리가 있고
잎들은 파란 미소를 띠며 눈물을 닦고
사과와 사과 사이에는 다섯 잎의 분홍 얼굴이 있고
꽃 속에는 사과가 있고
사과 속에는 볼 빨간 소녀가 있고
소녀의 눈동자엔 사랑이 있고
빨개진 그리움이 있고
사과나무가 있고
사과나무 속에는 바닥이 있고
바닥 아래는 뿌리가 있고

사과들은 사과나무 사이를 걸어가고

꽃을 지나면
상처 많은 여름이 오고
액자 속 사과는 빨간 맛에 빠져 있고
때늦은 사과가
멀리서 사과를 지켜보고 있고

사과가 눈뜰 때

수청골 52-9번지
그 여자의 과수원 뒷산 숲속에는
뻐꾸기 알람 소리와
산비둘기 노래와
박새의 감미로운 울음과
붉은머리오목눈이 구애 춤과
소쩍새 한숨으로
아기 새는 엄마의 품속에서 음(音)을 익히고

꼭지에 부리를 박고
사과가 무르익는 소리 듣는다

석종

석종사 근처에서 평생 사과밭을 떠받들고 살던 노인이 있었어요 어느 날 아들의 성화에 못 이겨 사과밭을 석종사 주지에게 넘겼어요 그때부터 과수원은 한 뼘 한 뼘 납골당으로 변해갔지요 사과나무들이 몸살을 앓기 시작했어요 수많은 이파리의 법문이 우수수 떨어졌어요 석종에서 울려 퍼지는 종소리가 노인을 받아 안았어요 그때부터 사과밭은 야단법석이 되었어요 노인은 아침마다 사과밭 언저리를 두리번거렸어요 노인에게도 사과나무에도 더 이상 꽃이 피지 않았어요 석종의 소리도 들리지 않았어요 무서리가 사과를 움켜쥐었다 놓을 때마다 노인은 가을 속으로 멍하니 걸어 들어갔어요 사과나무가 끝없이 이어진 붉은 길이었어요 그때 납골당이 된 사과밭으로 들어가는 노인에게 낮달에 걸터앉은 목어가 승복을 입혔어요 그렇게 노인은 석종을 닮아갔어요

적과(摘果)

내 손끝에서 사과의 운명이 정해진다
기웃기웃 머뭇거리다가 한 개를 따낸다
요리조리 재어보고 하나를 더 딴다
멈칫거리던 손이 찔끔 눈을 감는다
통통한 놈 하나가 배꼽을 내밀고
오월의 햇살을 빨아들인다
초록을 내뱉는다

새파랗게 놀란 놈이
고개를 쳐들고 태양을 올려다본다
풀숲으로 사라진 놈은
풀숲에서 썩을 운명인 것이다
먼 산 뻐꾹새가 멈칫 울음을 멈춘다
뻐꾹새 울음이 비탈길로 미끄러진다
종일 비탈밭에서 사과를 솎는다
눈물을 솎는다

떨어져 뒹구는 적과들

때굴때굴 굴러가다가 바짓가랑이를 붙잡고
미끄러지고 또 미끄러지다가
눈물이 되어 떨어지면서
초록보다 더 초록이 되어가는 여름을 건넌다

붙여넣기

검지로 예쁜 사랑을 건드려 봅니다
그 사랑 쉽게 옮겨올 듯해서요
마우스 꾸욱 눌러
시린 가슴 파고 넣었어요
손가락 한 마디에 터질 듯한 사랑 숨겨서
물풀처럼 부드럽게 풀어놓았어요
이렇게
끈적한 사랑 하나 정성껏 붙여 보았지만
사랑,
붙여넣기 해봐도 복사되지 않아요

형

그 여자에게는 형이 있었어
형은 늘 조곤조곤 말했지
구름은 흘러가는 것이 아니라 굴러가고 있는 거야
그래서 구름이라고 하는 거야
여자의 눈에는 구름이 정말 세 바퀴로 굴러가는 듯했어
돌부리에 걸려 멍이 들어도
바퀴처럼 끝없이 굴러가던 어느 날
형은 먹구름처럼 화를 내면서 장대비로
여자에게 쏟아져 내렸어

그 후로 구름은 더 이상 굴러가지 않았어
그날 이후로 다시는 형을 볼 수 없었어

페루에서 온 안부

달력 왼쪽 구석에 살고 있는 저 라마는
오래전 페루에서 왔다
어떻게 그 먼 길을 거슬러 북반구의 내게까지 왔는지
알 수는 없지만
라마는 지금, 무척 고단해 보인다

가만히 라마의 등에 손을 대어본다
작고 큰 심장 박동이 내 손바닥에 전해진다
숨소리에서 잉카 소녀가 사뿐사뿐 걸어 나온다
헬리오트로프* 향기가 난다

달력 밖에는 만년설이 녹고 있다
라마의 등짐에는 항아리가 실려 있고
잉카 소녀 등 뒤로
마추픽추로 가는 마지막 버스가 보인다

라마의 등짐이, 헬리오트로프 향기가
잉카 소녀의 숨소리가

내게로 옮겨 온다

달력 속의 라마가
달력 밖의 나를 보고 있다

---

*헬리오트로프: 태양이란 뜻을 가지고 있는 헬리오스와 회전을 의미하는 트로포스에서 파생된 이름. 해를 좋아하는 꽃이라는 뜻으로 일명 '페루향수초'로 알려져 있다.

시(詩)

사랑이 느슨해지고 있을 때
누군가 내 곁에 누웠네
목마름 속에도 오지 않던 그를
비로소 꿈속에서 만날 수 있었네

백열등은 혼자 깜박깜박 졸고
혼자 남겨진 시간을 견뎌야 했을 때
두려움을 숨기고 힐끔힐끔 곁눈질하다가
결국 떠나가는 그를 볼 수 있었네

아직 오지 않은 슬픔보다
눈앞에서 멀어지는 사람의 그림자가
훨씬 더 아프다는 걸
비로소 알게 되었네

시동 버튼

만난 지 십 년이 지났을 무렵
사랑도 얼어버렸나 봐
아무도 모르게 겨울이 왔어
마음에는 칼날 같은 성에가 끼었지
용서할 수 없는 날들이
불신을 불러들였나 봐
늘 두려운 마음이었어
그럴수록
더 가까이 고개를 들이밀고
입김을 불어넣었어
너는 성에처럼 눈물을 흘렸지
칼날이 녹아내리고
손끝이 녹아내렸어
불러도 대답 없는 너에 대해
무성한 소문만 맴돌았어
그래도 나는 네가 좋은데
대체 언제 깨어날 거니?

감자가 왔다

감자가 왔단다
감자 보러 가자

산수유꽃 왔다 가고
복사꽃 살구꽃 왔다 간 뒤
하얀 손 흔들어 주던 감자

땡볕이 다 여물어
주먹을 내밀 때까지
얼굴 감추다가
누런 잎 지고
툭툭 터지는 속살처럼
거칠게 살아왔던 감자

감자가 왔단다
감자 보러 가자

비탈밭에서 동글동글 손잡고

그 밭에 내리던 빗소리
그 밭에 쏟아지던 별들도 좋아하던 감자
아무것도 손에 쥔 것 없어도
그 자체로
그 자태로
늘 나와 함께했던 감자

감자가 왔단다
감자 보러 가자

장밋빛 성깔

울타리를 넘었다
온몸으로 생리하듯
진홍빛 도도함이 바닥까지 홍건하다

도(道)가 넘치게 걸어 다니는
저 붉은 자태들
도(度)가 지나치게 벌거벗은
저 뜨거운 빛깔들

까짓거,
가시 다 세우고
성깔 한번 부려보고 싶다

정년

축복이었다

붉은 입술로 키스를 퍼붓는
그러나 조금은 불안한 일생이었지

부자의 손길도
가난한 사람의 손길도 거절할 수 없는
은행 창구 곳곳에 토해 놓은
나의 흔적

몸부림이었다

결재란 왼쪽부터
오른쪽으로 한 칸씩 채우면서
함께한 사십 년

애증이었다

아버지는 소주병 속에 살아 있다

라일락꽃에서 소주 냄새가 난다.

울 아버지 라일락 모가지 뚝 꺾어다가 소주병에 꽂는다. 사랑채 마루 끝 수북이 쌓이는 병마다 꽂혀 있던 꽃가지들에서 소주 냄새가 일어선다. 라일락꽃 좋아하던 엄마가 환갑을 넘어 술을 배운다. 담배도 배운다. 큰 딸년이 집 나간 후 무너져 가는 엄마의 하루를 아버지가 따라나선다. 밤바람에 비틀거리던 나무가 술주정을 주절주절 매달고 아버지의 그림자를 흔들어댄다. 담배 연기는 더 독하게 뿜어 나오고 툇마루는 더 깊이 내려앉는다. 그해 라일락 나무는 꽃을 피우지 않았다. 당신의 수많은 잔에서 라일락 향기가 빠져나가고 수많은 밤에서 소주 냄새가 스멀스멀 기어들어 온다. 라일락이 취한다. 울 아버지가 취한다. 나는 소주병 주둥이에 아버지를 구겨 넣는다. 아버지는 소주병 속에 살아 있다. 눈물에서 소주 냄새가 난다. 아니, 라일락 향기가 난다.

소주병에 라일락꽃이 필 때까지 아버지를 기다린다.

제4부

행운목의 외출

화분만 끼고 살던 행운목이
지겹다고 숲으로 갔다

행운목이 떠나고 난 집에는
서투른 사랑을 대신 표현해 준 꽃다발도 시들어가고
축 늘어져 사망 선고를 받은 뱅갈고무나무가 있고
빈 화분들은 구석에서 꾸벅꾸벅 졸고
숲으로 나가기만 꿈꾸던 해피트리가
해피하지 않게 늙어가고

행운이 나가고 난 집에는
하루를 다 받아적기에도 벅찬 일기장이 있고
긁적이다가 던져놓은 졸시(卒詩)도 있고
어젯밤 못다 한 수다들이 널브러져 있고
근심이 근심을 낳고, 번성하고
슬픔의 종착역인 부고장이 줄지어 날아들고

월악

초록의 세계로 계곡이 구겨져 있다
산모퉁이 툭툭 건드리며
차들은 줄지어 산길을 핥고 간다

월악산이 먹구름을 불러온다
북바위산이 소낙비를 끌고 내려온다
암벽 위 노송도, 꼬리진달래도, 새들도 숨을 죽인다
빗줄기가 쏟아진다
초록의 세계가 비의 세계로 진입한다

암자를 내려다보고 있는 마애불이 젖는다
마애불의 미소가 젖는다
천 년의 미소가,
미련이 되어 물 위를 떠돈다

나는 산을 올라가고
물은 산을 내려온다

먹구름과 안개와 천 년의 미소가 산을 내려온다

아직 남은 미련이 있다면
나여, 저 비에 다 흘려보내야 한다
그래야 다시 인간 세계로 돌아갈 수 있다

초록과 비의 세계에서 내가 할 수 있는 일이란 고작
수직으로 서서 죽는 비*를 관망하는 것

나도 언젠간 서서 죽을 것이다

---

*허만하 시집 제목 변용.

중이염을 앓는 여자

무심코 돌아눕는 밤
귀에서 눈물이 나는 것을 본다

내 몸 지하에서
바위를 뚫고 온천수 펄펄 끓는 소리
들린다
마른 잡목처럼 살아온 세월
가지마다 옹이가 녹아
깊은 우물에
두레박을
내려도 들리지 않더니
철, 유황, 나트륨 새기다가
곪아 터져
울음소리만 가득한 밤

다만 보일 뿐이다

입석

어디쯤 가야 앉아 갈 수 있을까

그런 날이 오기나 할까

내비게이션

너와의 동행은 안심일까
고비일까

기쁨은 우회전
사랑은 좌회전
행복은 직진으로
너를 앞세워 가는 최종 목적지
도착은 가능한 것일까

온종일
길을 잃어도
재탐색을 하지 않네
날마다 헤매는 게 생이라더니!

무수히 업데이트하지만
경로 이탈은 계속되고
직진도 우회전도 좌회전도 그만 지쳐
숨만 차고

오늘도

끝내 유턴이다

우리의 관계

물결이고
물살인

출렁임이 있어요

거기 흠뻑 빠진
너는 보이지 않지만

함께 가는 거라고
언젠간 하나가 될 거라고

급류에 뼈를 묻으며
흘러가는

우리의 관계는

핸드폰

일상이
일생이 되기까지

많이 외로웠을 거라는 생각이 들어요

오랜 시간
어둠 속에서 혼밥을 하도록 내버려두었죠

그게 사랑인 줄도 모르고
그게 희생인 줄도 모르고

항상 곁에 끼고 살면서도
존재가치를 몰랐던

당신처럼

나 역시
사랑할 자격이 없어요

안부

먹구름을 뚫고
엽서 한 장이 도착했습니다

누군가 흩뿌린 검은색 낱말들이
아직도 내 머릿속에 흥건히 고였는데

투명한 소식은
아니 온 것만 못합니다

무심한 비는
종일 비답게 내리고

다시는 오지 않을 것처럼 도착한
안부를 다 읽기도 전에
엽서는 젖어
마음도 적십니다

사랑은 흐르는 것이라고

흐르며 젖는 것이라고 엽서가 전한 말

여전히, 누군가, 내게 책임을 묻는 검은 말을
어찌 받아들여야 할까요

안부는 책임이 없습니다

사과밭의 비발디

비발디의 여름 3악장을 듣다가
우박을 맞는다

가지에 위태롭게 매달려 있는 사과 알들
음표는 여름을 노래하고
사과는 처참하게 생채기를 입었다
바닥에 쏟아진 사과의 눈물을 본다

천둥과 번개 사이
우박을 피해서 사과나무에 든 까치
상처 없는 사과만 쪼아 먹는다

새를 쫓을 힘조차 없는 농부가
우두커니 서서
우박이라는 타악기를 맞는다

타박 입은 농부와
우박 맞은 사과들 사이

비발디의 여름 3악장이 흐른다
농부는 비발디를 모른다

치명적

요염하게 내미는 손에
가시를 감추고도
평생을 뻔뻔한 저 붉은 장미의 처세를 배우고 싶다

속고
속이고
속는 하루

입속의 칼을 끝내 사용해 보지도 못하고 죽는
저 하루살이들

인생

분명 손톱을 깎았을 뿐인데 봉숭아 꽃물이 다 빠져나갔다.

축구에 빠지다

그녀는 입으로 공을 찬다

프리미어리그는 짜릿한 드라마
숨 가쁘게 읽히는 무대 위의 시나리오
더 빨리 뛰고
더 멀리 뛰라고
심장에 가속도가 붙으면
손바닥은 식은땀을 찬다

관중들은 저마다의 각본을 써서
운동장 구석구석을 펼친다
드리블하는 땀방울은 튕겨 나가고
실축한 페널티킥 공이
소파 아래로 굴러떨어진다
입과 발이 오그라든다
땀방울을 차고 있는 선수들을 따라
티브이 속으로 마구 달린다

추가시간 5분
여자는 지옥으로 굴렀다가
천당으로 굴렀다가
선수들보다 더 처절하게
극장 골을 기다린다

칸나

누구를 유혹하려 하는가

뜰 밖 대문 옆에
발칙한 칸나꽃이 피었다

타오르는 불꽃마저 질투하던
내 젊은 날의 피처럼

도도한 자태로 솟아오른
저 뜨거운 입술

칸나의 유혹은 무죄다

해설

바꾸어 말하기의 즐거움

서범석(시인·문학평론가·대진대학교 명예교수)

1. 바꾸어 말한다는 것

『나는 오른쪽을 사랑하지만 왼쪽은 나를 사랑한다』는 김이수 시인이 등단 후 오랫동안 갈고닦아 내놓는 첫 시집이다. 그는 40년이라는 긴 세월을 충주 농협에서 근무하면서 외줄 인생을 걸어왔다. 이러한 시인의 생애적 토양은 자연스럽게 농업과 농민에 대한 사랑과 친자연적이고 향토적인 감성 등을 내면의 바탕에 마련한 것으로 보인다. 이러한 바탕 위에 세워진 김이수의 시세계는 그 바탕의 통념적 색깔에 함몰되지 않고 개성적인 눈과 창조적 손으로 언어의 아름다운 꽃을 피워낸다.

시인이 언어의 꽃을 피우는 방법을 범박하게 말하여 '묘사'라고 축약할 수 있다. 그것은 늘 보아온 익숙한 것들을 아주 새로운 것으로 '바꾸어 말하기'이다. 20세기를 대표하는 스페인 입체파 화가 피카소(Pablo Picasso, 1881~1973)는, 생을 마감할 때까지 끊임없는 새로움을 추구한 사람이다. 그는 말한다. "나는 보이는 대로 그리지 않는다. 내가 생각한 대로 그린다.(I paint objects as I think them, not as I see them.)"라고. 그러니까 피카소는 대상을 그대로 그리는 것이 아니라 '바꾸어서' 그린다는 이야기이다. 그가 그린 여인들의 그림에서 신체의 부분들이 어떻게 바뀌었는지를 생각하면 현대예술의 핵심을 간명하게 알 수 있다. 크기, 위치, 색깔 등 모든 요소가 주관적으로 재배치되는 이 '바꾸기의 명수'를 우리는 현대 미술의 거장이라고 부르는 것이다. 어찌 그림뿐이랴.

문학은 언어미(言語美)를 지향하는 고급 말놀이 예술이며, 시는 문학의 정수(精髓) 또는 정화(精華)의 위치에 있다. 피카소가 바꾸었듯이 시인은 대상인 피사체를 낯익은 언어가 아닌 낯선 언어로 바꾸어서 표현하는 장인(匠人)이다. 이름 바꿔 말하기(비유), 감춰 놓고 말하기(상징), 사물과 사람을 바꿔 말하기(擬人 또는 그 逆), 추상과 구상을 바꿔 말하기, 말 안 되게(반대로) 말하기(역설과 반어), 주체와 객체를 바꾸어 말하기 등등은 시인의 구체적 도구들이다. 이 '바꾸기'는 발견, 낯설게 하기, 변용(變容) 등의 개념을 포괄하는 시인의 연장인 것이다.

시는 발견마당에 존재한다. 발견이 없다는 것, 즉 언어의 바꾸기 전략이 없다면 그것은 현대시라고 말할 수 없다. 김이수의『나는 오른쪽을 사랑하지만 왼쪽은 나를 사랑한다』는 이러한 '바꾸어 말하기'의 익숙한 솜씨로 그 속 생각의 향기를 감미롭게 독자의 가슴으로 전달하는 언어의 꽃밭이다.

2. 사물을 사람으로 바꾸다

이 시집에서 시인이 가장 많이 구사한 바꾸기 전략은 '사람 아닌 것을 사람으로 바꾸어 말하기'이다. 동식물, 무생물, 추상적 개념 등을 사람인 것처럼 표현하는 수사법을 우리는 의인법(Personification)이라고 말한다. 이렇게 사람으로 바꾸어 표현하는 방법은 아주 오래된 것이지만, 아직도 많은 시인이 자주 사용하는 중요한 방식이다. 그러니까 이는 낡은 것이 아니라, 기본적이고 본질적인 것으로서 시 창작에서 외면할 수 없는 불가결한 기법인 것이다. 왜 그럴까. 사물을 사람으로 바꾸어 말하면, 무감정적인 사물이나 무감각적인 추상적 개념이 살아 있는 생명체로 전환하면서 새로운 시적 세계를 창조한다. 그것은 언어가 주는 감정과 감각의 맛을 한층 끌어올리기 때문이다. 김이수 시인은 이 시집에 실린 시 전반에서 '사람으로 바꾸기'를 능란하게 구사한다.

이른 아침 김 씨가
붉고 자잘한 둑새풀 빽빽한 논을 갈아엎는다
써레질한 논물 속에서
산벚나무가 몸살을 앓는다
지나가던 늙은 유모차가 혀를 끌끌 찬다
그 뒤를 따라 낯선 자전거가 지나가고
봄바람 난 구름도 지나간다
뻐꾸기가 눈물로 논물을 댄다
물은 하늘이 되고
하늘은 물이 된다
논물 위를 지나던 제비가 물수제비를 뜬다
논두렁을 지나
이른 아침 김 씨의 수심을 지나
뻐꾸기 울음과
개구리 울음 사이를 지나면
거기, 우연한 봄날이 있다

—「우연한 풍경」 전문

우연하게 발견한 봄날의 농촌 풍경을 한 폭의 아름다운 그림으로 바꿔낸 작품이다. 논에서 써레질하는 농부 김 씨의 속내를 '근심'으로 읽고 있는 서정적 자아의 속내는 말할 것도

없이 농업, 농민에 대한 '근심'일 것이다. 농협 외길의 직업적 생애와 함께 농촌에서 살면서 도시로 출퇴근하는 시인의 생활 조건 등이 이러한 근심을 형성하고 있을 가능성이 높다. 그러나 그것보다 훨씬 중요한 것은 그 근심이 자연과 어우러져 빚어내는 아름다운 언어의 빛깔이다. "산벚나무가 몸살을 앓는다", "늙은 유모차가 혀를 끌끌 찬다", "봄바람 난 구름도 지나간다", "뻐꾸기가 눈물로 논물을 댄다" 등은 모두 사람이 아닌 것을 사람으로 바꾸어 빚은 우뚝한 언어탑이다. 그 탑은 농민 사랑의 의식과 아름다운 자연이 의인법의 묘수와 삼위일체를 이뤄 빚은 조각(彫刻)이다.

빈 박스에 낙엽이 끼여든다
폐지가 구겨진 몸뚱이 위에 힘겨운 노파를 앉힌다
두 다리가 두툼한 박스처럼 무겁다
노년의 느려진 육신의 호흡이 폐지 위에 눕는다
쌓아놓은 중량만큼 하루가 든든하다
노루 꼬리만 한 햇살이 노인의 등으로 흘러내린다
정수리쯤에 치켜 쓴 모자가 유일한 그늘이다

마음마저 실어서 흩어진 흔적들을 저울에 올려본다
바람의 무게가 노인의 일평생을 받쳐준다
슈퍼 안을 기웃거리는 안경이 맑고 쓸쓸하다

반쯤 내린 마스크 속 늙은 입꼬리가
마블링 가득한 소고기 광고에 내려가고
노파의 무딘 손이 빈 박스를 끌어당긴다
박스 더미가 리어카에서 춤을 추고
쌓여 있는 박스들이 지나온 시간들보다 위태롭다

목행마트 앞 파란 신호등은
세월의 속도보다 빨리 깜박인다
늙은 느티나무 잎처럼 떨어지는 땀방울
낙엽처럼 헐떡인다
추운 계절이 노파의 손에 달라붙는다
리어카가 굽은 등을 끌고 간다

종이는 구겨질 뿐 늙지 않는다

—「종이는 늙지 않는다」 전문

빈 박스를 주워 생계를 유지하는 어느 노인의 삶을 그린 시이다. 여기서도 사람을 둘러싸고 있는 사람 아닌 것들을 사람인 양 바꾸어서 말하는 의인법이 사람을 바라보는 서정적 자아의 시선을 따뜻하게 덥히고 있다. "폐지가 구겨진 몸뚱이 위에 힘겨운 노파를 앉힌다", "리어카가 굽은 등을 끌고 간다" 등등의 의인법이 시를 일이관지(一以貫之)하면서 노파의 어려운 삶을 감각적으로 조명한다. 힘든 삶을 이어가고 있는 노인의 생존세계를 "추운 계절"로 표상하고 그것이 "노파의 손에 달라붙는다"라고 묘사함으로써 그 아픔을 훨씬 강하고 생동감 있는 것으로 바꾸었다. 그리하여 독자가 느끼는 노인에 대한 감정을 감각적으로 매만져서 어려운 삶에 대한 강한 애정을 불러낸다. 서정적 자아의 깊은 곳에는 타인에 대한 관심과 배려 그리고 애정이 늘 고여 있는 것이다.

3. 말 안되게 바꾸어 사랑하다

바꿔 말하기의 극치는 '반대로 말하기' 또는 '말 안 되게 말하기', 즉 반어(反語, Irony)와 역설(逆說, Paradox)이다. 이는 동일성이나 유사성을 매개로 하여 바꿔 말하는 것이 아니라 완전히 상반(相反)하는 것으로 바꾸기 때문에 '바꾸어 말하기'의 극치가 된다. 시치미를 떼고 겉으로 드러난 것과 모순·충돌하는 내용을 표현하는 반어나, 새로운 진실의 요소를 내포하지만 표면적으로 모순되는 진술의 형태를 띠는 역설은 둘 다 바꾸어 말하기의 정점에 위치하는 것이다.

이러한 극적인 말 바꾸기는 일반적인 통념에 충격을 주는 새로운 인식의 방법으로 현대시 표현 방법의 선봉장으로 서게 된다. C. Brooks는 시의 언어를 '역설의 언어(Language of

Paradox)'라고 강조한다. 그는 역설이 시에 적절하고 필연적인 언어라고 주장하면서 "시인이 말하는 진리는 확실히 역설을 통해서만 이룰 수 있는 것이다."라고 말한다. Philip Wheelwright 또한 역설을 "경이감과 흥미를 일으키고 새로운 투시(perspective)를 제시하는 현대시의 기본 방법이다."라고 말한다. 한마디로 줄이면, 현대시에서는 '말 안 되는 말'이 깊은 시적 진리를 표현하는 묘약이 된다는 것이다.

시집 『나는 오른쪽을 사랑하지만 왼쪽은 나를 사랑한다』는 표제시 「나는 오른쪽을 사랑하지만 왼쪽은 나를 사랑한다」가 말하듯이 역설적 방법으로 사랑을 노래하고 있다. 그러니까 '말 안 되는 말'로 현대인의 사랑과 그 비극적 속성을 그려냄으로써 부정할 수 없는 새로운 진리를 찾아내게 만드는 것이다.

오른쪽 어깨에 통증이 있었지만
파스만 붙여주고 외면하고 살았다

방치함으로써
오히려 돌본 것이다

아픈 오른쪽보다
멀쩡한 왼쪽을 더 걱정하는 삶이었다

나는 오른쪽을 사랑하지만

왼쪽은 나를 사랑한다

—「나는 오른쪽을 사랑하지만 왼쪽은 나를 사랑한다」 전문

이 시의 언술은 앞뒤가 맞지 않는 '말이 안 되게 말하는' 것들로 가득 찼다. 제 몸의 통증을 외면하고 살았다는 이야기, 방치한 것이 돌본 것이라는 납득하기 어려운 진술, 멀쩡한 왼쪽을 더 걱정한다는 모순된 삶, 나는 오른쪽을 사랑하지만 나를 사랑하는 것은 왼쪽이라는 뒤얽힌 관계 등 모두가 모순적 요소들이 상호 충돌하고 있는 현장이다. 이것들을 요약해 보면 사랑의 주체와 그 대상의 '엇갈림'이라 하겠다.

서정적 자아가 외면하고 방치한 오른쪽은 사랑하는 관계지만 믿는 구석(파스)이 있어 '방치의 돌봄'을 했다는 역설을 토로한다. 그러나 오른쪽은 사랑의 대상이긴 하지만, 서정적 자아에게 그 사랑을 돌려주는 것이 없다. 그래서일까. 서정적 자아는 왼쪽이 자신을 사랑한다는 사실을 분명하게 인식하면서 관심을 보인다. 그러니까 서정적 자아는 오른쪽과 왼쪽 사이에 놓여 사랑의 관계를 이루지만 오른쪽에게도 왼쪽에게도 진정한 사랑을 얻을 수 없는 고독한 자아 또는 불행한 자아가 된다. 사랑 사이에 있지만 진정한 사랑을 얻지 못하는 불행의 시간에 존재한다. 그것은 현대인의 삶이 사랑의 관계 속에 생

성·유지·발전하는 것같이 보이지만, 본질적 자아는 그 관계에서 이탈하여 유랑하는 시대라는 새로운 진실을 찾아 언어공감 시장에 내놓은 것이다. 우리는 이러한 사랑의 불량 시장에서 과연 어떤 것을 구매할 것인지 깊은 생각에 빠질 수밖에 없다. 읽고 생각하게 하는 것이 현대시라는 말처럼 우리의 사랑은 정리정돈하거나 영원불멸하거나 지고지순할 수 있는지를 이 시는 무겁게 질문한다. "사랑이 느슨해지고 있을 때/누군가 내 곁에 누웠네/목마름 속에도 오지 않던 그를/비로소 꿈속에서 만날 수 있었네"라는 「시(詩)」의 서정적 자아도 똑같은 역설의 세계에서 배회하고 있다.

만난 지 십 년이 지났을 무렵
사랑도 얼어버렸나 봐
아무도 모르게 겨울이 왔어
마음에는 칼날 같은 성에가 끼었지
용서할 수 없는 날들이
불신을 불러들였나 봐
늘 두려운 마음이었어
그럴수록
더 가까이 고개를 들이밀고
입김을 불어넣었어
너는 성에처럼 눈물을 흘렸지

칼날이 녹아내리고
손끝이 녹아내렸어
불러도 대답 없는 너에 대해
무성한 소문만 맴돌았어
그래도 나는 네가 좋은데
대체 언제 깨어날 거니?

—「시동 버튼」 전문

「시동 버튼」은 추운 겨울, 시동이 걸리지 않는 자동차를 의인화하여 "사랑도 얼어버렸나 봐"라는 역설로 반응 없는 '불신의 사랑'을 그린 시다. "그래도 나는 네가 좋은데/대체 언제 깨어날 거니?"라는 또 하나의 역설은 애처롭기만 하다. 여기서 서정적 자아가 바라보는 사랑의 대상은 어떠한 상황일까. 불러도 대답 없다는 것은 무반응 상황일까, 이별했거나 사별했거나 해서 불가능 상황일까. 무엇이든지 좋다. 일방통행의 엇나간 사랑은 겨울 시대를 살아가고 있다. 꽁꽁 언 겨울. 『나는 오른쪽을 사랑하지만 왼쪽은 나를 사랑한다』에 나타나는 대부분의 사랑시는 '엇갈림'이 꺼내온 시린 아픔의 계절이다.

라일락꽃에서 소주 냄새가 난다.

울 아버지 라일락 모가지 뚝 꺾어다가 소주병에 꽂는

다. 사랑채 마루 끝 수북이 쌓이는 병마다 꽂혀 있던 꽃가지들에서 소주 냄새가 일어선다. 라일락꽃 좋아하던 엄마가 환갑을 넘어 술을 배운다. 담배도 배운다. 큰 딸년이 집 나간 후 무너져가는 엄마의 하루를 아버지가 따라나선다. 밤바람에 비틀거리던 나무가 술주정을 주절주절 매달고 아버지의 그림자를 흔들어댄다. 담배 연기는 더 독하게 뿜어 나오고 툇마루는 더 깊이 내려앉는다. 그해 라일락 나무는 꽃을 피우지 않았다. 당신의 수많은 잔에서 라일락 향기가 빠져나가고 수많은 밤에서 소주 냄새가 스멀스멀 기어들어 온다. 라일락이 취한다. 울 아버지가 취한다. 나는 소주병 주둥이에 아버지를 구겨 넣는다. 아버지는 소주병 속에 살아 있다. 눈물에서 소주 냄새가 난다. 아니, 라일락 향기가 난다.

소주병에 라일락꽃이 필 때까지 아버지를 기다린다.

—「아버지는 소주병 속에 살아 있다」 전문

이 시는 돌아가신 아버지를 그리워하는 딸의 서정적 자아이다. 제1연의 "라일락꽃에서 소주 냄새가 난다."는 진술과 제3연의 "소주병에 라일락꽃이 필 때까지 아버지를 기다린다."는 진술은 모두 '말 안 되는 말로' 말하고 있다. "라일락꽃에서 소주 냄새가 난다."는 모순된 진술은 생전 아버지의 소주 냄새를 떠올리는 그리움을 강하게 끌어올린다. "소주병에 라일락꽃이 필 때까지 아버지를 기다린다." 역시 역설로 그 그리움의 끝없음을 강하게 잡아당기는 새로운 사랑의 진실 창조라 할 수 있다.

김이수 시인의 감성적 원형질은 사람에 대한 폭넓은 사랑이다. 그러한 시인의 천성적 자아는『나는 오른쪽을 사랑하지만 왼쪽은 나를 사랑한다』의 모든 시편의 본바탕에 깔려 있다. 그래서 사람 사랑의 작품들은 그 이미지의 소리, 호흡, 빛깔, 목소리 등의 세부들이 통합적으로 조응하면서 텍스쳐(Texture: 조직, 무늬)를 만들어 언어미를 결성한다. 그러한 미적 조응의 에너지는 한결같이 '말 안 되게 말하기'에서 발원한다. 역설로 전하는 사랑의 노래가『나는 오른쪽을 사랑하지만 왼쪽은 나를 사랑한다』라고 말할 수 있다.「나를 필요로 하는 곳들」,「블랙홀」,「꽃이 왔다」,「마늘밭」,「새로운 여성」,「사랑할 나이」,「아무려나」,「혼자 사는 방식」,「때늦은 사과」,「붙여넣기」,「형」,「우리의 관계」,「핸드폰」,「안부」 등등 수많은 사랑의 노래를 이 시집이 안고 있기 때문이기도 하다.

4. 부분을 전체로 바꿔 그리다

야콥슨(Roman Jakobson)은 시적 기능에 대한 언어학적 원리를, 발화행위를 성립하게 하는 두 가지 원리, 즉 선택과 결합의 원리로 설명한다. 이때 선택의 근간은 등가성(等價性)에 있고, 결합, 곧 배열의 구성을 이루는 밑바탕은 인접성(隣接性)이다. 전자를 은유적 방식, 후자를 환유적 방식이라 한다. 그러니까 환유적 방식은 가까운 것들을 결합해서 말하는 방식이다. 그것은 "예쁜 안경이 나를 보고 웃는다"에서 부분(안경)을 전체(얼굴, 사람)로 결합해서 말하는 것처럼 가까운 것들을 배열하는 구성 방식을 취한다. 그렇게 하면 새로운 전체가 그려지는 예술적 공간을 창조하게 된다. 이러한 '부분으로 전체 말하기'라는 환유(Metonymy) 방식은 이 시집에서 매력적으로 도드라지는 묘사의 옷을 입고 독자를 끌어들인다.

> 월요일 아침 은행나무 이파리가 똑똑 떨어진다 빨간 신호등 앞에서 브레이크를 밟는다 발이 푹신하다 아뿔싸! 운전석 핸들 밑으로 등산화가 보인다 등산화가 가속페달을 밟는다 떠오르는 스케줄과 전략회의 사이에서 나는 잠시 회의(懷疑)에 빠진다 월악산 삼거리 지나 마즈막재 삼거리로 접어든다 가속페달과 브레이크 사이에서 등산화가 잠시 방황을 한다 월요일 업무와 구두를 젊어지고 계족산을 오른다 산 아래로 내려다보이는 건물들 사이로 나의 직장 농협이 보인다 오늘의 심사는 우박 맞은 사과 판매 방안인데, 졸지에 우박 맞은 사과가 등산화를 신고 계족산에 올

라와 있다

—「오류」 전문

이 시에서는 등산화가 자동차의 가속페달을 밟고, 잠시 방황하기도 한다. 등산화를 신은 서정적 자아를 대신하는 작은 부분이 '등산화'이다. 그리고 머릿속 생각인 '사과'가 농협 직원인 서정적 자아의 전부를 대신하는 부분이다. 그러니까 등산화와 사과라는 두 가지 부분들이 갈등하고 방황하면서 결국 직장에 가지 않고 산으로 올라간 서정적 자아의 출근길 낭만적(?) '오류' 전체를 대신하고 있다. 이 그림을 바라보는 독자는 재미있다. 톱니바퀴 돌아가는 듯한 삶을 살아가는 직장인의 일탈이라는 내용도 재미있고, 사과가 출근길에 등산화를 신고 산에 올라와 있다는, 부분을 전체로 비유해서 읊어대는, 말하기의 맛이 쫄깃쫄깃하다. 씹을수록 재미있는 언어놀이가 시를 읽는 즐거움을 충만하게 한다. 환유는 이런 것이다. 말맛의 재미를 클로즈업하면서 새로운 공간을 창조하는 신기한 기술이다. 그것은 새로운 자유 창조의 공간을 조성한다.

문화동 사거리에 낡은 불이 들어왔다
달력만 한 간판이 서로 입맞춤을 하고 있는 짝 노래방
이민 갔던 한국관에도 불이 들어왔다
멀리 있던 안부를 싣고 온 시외버스도 돌아오고

공터에 묶여 있던 관광버스에 전조등이 켜졌다
153 GYM 헬스장 밖으로 우락부락 불이 들어오고
대중목욕탕 굴뚝에도 연기가 돌아왔다
엔젤 피아노학원 노란 승합차에 아이들이 돌아오고
지하 미소 pc방에는 디아블로가 돌아왔다
인디언 매장에 벌거벗은 인디언은 뜨겁고
사거리 웨딩홀 간판도 다시 드레스를 입었다
미자네 아버지 통장에도 모처럼 웃음이 쌓인다
맞은편 농협 365 자동화기기는 야근을 준비 중이다
365일 할인매장에 왁자지껄 소란이 돌아오고
문화 셀프 주유소 앞 풍선인형은 종일 땀을 흘린다
8282 대리운전 김 기사 얼굴에도 콜이 돌아왔다
힘찬인력 사무실에 두 주먹 불끈 쥔 인력들이 돌아왔다
마스크에 가려 있던 내 얼굴에도 근심이 돌아왔다

—「코로나 氏가 다녀간 문화동 사거리 풍경」 전문

제목 그대로 코로나 팬데믹이 휩쓸고 간 충주시 문화동 사거리의 엔데믹 풍광을 사실적으로 그린 작품이다. 이 시의 '바꾸어 말하기'도 부분으로 전체를 대신하게 하는 환유적 진술로 이루어졌다. 묘사하고 있는 각 대상의 부분으로 그 대상의 전체를 표상했으며, 그 대상들은 인접성에 의해 선택하였고 그것들을 하나씩 '돌아왔다'로 짚어나갔다. 그리하여 일상으로 돌아온 거리 풍광을 리얼리즘적으로 그려냈다. 지은이의 근무처인 충주 농협이 있는 거리라 세세하게 묘사하고 실감나게 표현한 것으로 보인다.

이와 같은 환유적 발화는 인접성에 의한 결합의 원리에 따라 새로운 공간을 만들어내는 특성을 갖는다. 그 공간은 이 시에서 하나씩 팬데믹의 고통에서 돌아와 불을 밝히고 웃음을 되찾는 활기찬 곳이다. 그러나 서정적 자아가 찾은 것은 마스크에 가려졌던 얼굴의 '근심'이 돌아왔다는 것이다. 이러한 반전(反轉)은 외부 환경과 내면세계가 갈등하거나 부조화를 이루는 시대적 특성 아래 겪는 현대인들의 떠나지 않는 근심의 정서와 불안의 심리를 효과적으로 드러낸다. 그러니까 환유적 발화들은 결국 현대 도시 사회에서 살아가는 사람들의 병리적 증후들과 함께 작동하는 말하기 방식이 된다. 현대시에서 환유적 표현들이 압도적으로 많은 것은 타당한 이유가 있는 것이다. 김이수 시인은 날카로운 감각으로 현대적 예술성을 수용하여『나는 오른쪽을 사랑하지만 왼쪽은 나를 사랑한다』에 새로운 환유적 공간을 조립했다.

5. 이야기로 바꾸어 풀어내다

서정(抒情) 장르인 시는 스토리 라인을 이루는 서사 장르와는 본질적으로 구분되는 말하기 형식이다. 원칙적으로 시는 이야기가 아니고, 사물이나 현실, 자연 등에 대한 정서적 상상적 반응의 언어조직이기 때문이다. 서정 장르는 정서로써 세계를 주관화하고 자아화한다. 그런 점에서 서사와의 변별점을 말한다면 그것은 음악성이나 회화성으로 요약할 수 있다. 그러나 현대 시인들은 이러한 기본적인 장르적 혈통까지도 뒤집는 과감한 형식 실험을 통하여 탈장르나 혼성 장르까지 시도하고 있는 것이 현실이다. 이야기시는 이러한 본질적 혈통부정적 장르종(種)의 하나라 할 수 있다.

그러나 인간은 이야기를 하고 싶고 또 듣고 싶은 끝없는 말하기 욕망을 본성으로 소유한 존재이다. 이야기가 끝난다면 죽음이다. 이야기시는 이런 인간적 욕망의 산물이다. 욕망은 결핍의 산물이고 이야기는 욕망의 산물이다. 그런 점에서 우리는 결핍을 메우려고 노래하고 이야기한다. 그것은 "인생살이의 문제에 충실히 대응하는" 방법 추구의 한 결과라고 최두석은 말한 바 있다. 그러니까 리얼리즘 정신 구현의 한 방편인 것이다. 서정적 주관화에 따른 형상화라기보다 스토리 라인이 있는 '서사적 이야기 구조로 바꾸어' 말하는 방식이다. 『나는 오른쪽을 사랑하지만 왼쪽은 나를 사랑한다』에도 이러한 이야기로 바꾸어 쓴 시들이 여러 편 보인다.

석종사 근처에서 평생 사과밭을 떠받들고 살던 노인이

있었어요 어느 날 아들의 성화에 못 이겨 사과밭을 석종사 주지에게 넘겼어요 그때부터 과수원은 한 뼘 한 뼘 납골당으로 변해갔지요 사과나무들이 몸살을 앓기 시작했어요 수많은 이파리의 법문이 우수수 떨어졌어요 석종에서 울려 퍼지는 종소리가 노인을 받아 안았어요 그때부터 사과밭은 야단법석이 되었어요 노인은 아침마다 사과밭 언저리를 두리번거렸어요 노인에게도 사과나무에도 더 이상 꽃이 피지 않았어요 석종의 소리도 들리지 않았어요 무서리가 사과를 움켜쥐었다 놓을 때마다 노인은 가을 속으로 멍하니 걸어 들어갔어요 사과나무가 끝없이 이어진 붉은 길이었어요 그때 납골당이 된 사과밭으로 들어가는 노인에게 낮달에 걸터앉은 목어가 승복을 입혔어요 그렇게 노인은 석종을 닮아갔어요

—「석종」 전문

평생 사과 농사를 짓던 어느 노인이 사과밭을 팔게 되고 결국 납골당으로 변해버린 사과밭으로 들어가 생을 마감한다는 서사구조를 시에 도입한 '이야기시'이다. 비극적 리얼리즘의 농민시라고 할 수 있는데, 농민과 사과 농사에 대한 서정적 자아의 애정이 배신당하는 농촌의 구조적 모순에 대한 고발과 풍자를 수행하고 있다. 『나는 오른쪽을 사랑하지만 왼쪽은 나를 사랑한다』에는 「적과」, 「사과밭의 비발디」 등 사과 농사

에 관한 시가 여러 편 등장하는데 모두 농협 직원으로서 갖게 되는 현실적 자아의 친농의식을 풀어낸 것으로 보아야 할 것이다. 또 「잘 풀리는 집」, 「공과금수납기」, 「인턴」, 「페르소나」, 「은행나무와 은행 사이」, 「상담의 세계」, 「조합장 선거」, 「구멍 난 미소」, 「정년」, 「가을 전어」 등 농협 은행의 업무적 현장을 관찰하면서 그린 여러 편의 시들도 이러한 시의식이 피운 꽃송이라 하겠다.

해마다 사월이면 직장인에게도 꽃이 핀다 오늘의 연산홍은 아프게 피었다 담뱃재처럼 툭, 꽃잎이 떨어진다 K의 손끝에서 담뱃재가 툭, 떨어진다 오른쪽 구둣발로 비벼 끈다 다시 발을 옮기고 발등을 내려다본다 K가 연신 피워대는 연기는 저 연산홍과는 상관이 없다 한참 후에 허리를 숙여 꽁초를 줍는다 천천히 정오가 일어선다 K의 한숨이 반쯤 남은 커피잔에 쌓인다 네모난 창문 모서리 환풍기에서 흘러나온 해장국 냄새에 연산홍 꽃잎이 몸살을 앓는다 두 개의 벤치가 서로 등을 돌리고 앉아 있다 험난한 것들을 통과한 무대에 K를 끌어당기고 의자를 내어준다 점심 식사 후 자판기 커피를 들고 걸어가던 K의 모습을 떠올려본다 연봉, 워라벨, 인간관계란 그런 것이다 개인의 성장이든 능력에 맞는 보상이든 등을 돌린다고 끝은 아닌 것이다

—「인턴」 전문

이 시도, 시를 이야기 구조로 바꾸어 말하고 있다. 여기에 등장하는 인물 K는 현재 우리 사회 젊은이의 전형적 인물이라고 할 수 있는 인턴 사원이다. 서정적 자아는 직장의 선배 또는 상사의 입장에서 젊은 인턴 사원 K를 바라보면서 이야기를 풀어낸다. 그러니까 매우 사실적이고 실감나는 이야기시이다. 그러나 이야기의 내용은 우울한 것이고 사회구조의 모순이나 갈등 양상을 풀어내고자 하는 자세를 보이고 있다. 그것은 서정적 자아의 타인에 대한 사랑의 발로이고 그 기록이기도 한 것이다. 김이수 시인의 본래적 자아인 사랑의 인간상과 조우하게 되는 또 하나의 장면이다.

6. 바꾸어 말하기로 피운 사랑꽃

시는 "일상적으로 보아온 낯익은 사물에 난생처음 본 듯한 신선감"을 부여한다고 김준오는 『시론』에서 말한다. 그러한 신선감은 묘사를 통해 시적 대상을 형상화함으로써 가능하게 한다. 그런데 그 묘사의 기본은 '바꾸어 말하기'를 사용하여 시적 담화구조를 완성하는 데 있다. 새로운 것으로 바꾸어 말하면 익숙한 것이 낯설어진다. 늘 보던 진달래보다 '꼬리 진달래'라는 이름을 보면 호기심이 발동한다. 소년에게는 어려서부터 항상 만나던 금순이나 영옥이보다 새로 전학 온 겨울이라는 이름의 소녀가 훨씬 매력적인 상상의 대상이 된다. 우리는 낯선 것에 호기심을 갖게 마련이다. 그 호기심은 곧 관심과 흥미를 불러일으키고, 대상에 대한 신선감을 느끼게 하며 거기서 재미가 나오게 마련이다. 이러한 심리적이고 정서적인 반응이 확대하여 호감과 사랑으로 연결되기 십상이다. '바꾸어 말하기'는 시 창작에서 기본적이고 본질적인 묘약이 아닐 수 없다.

인물 좋은 엉덩이가 노천탕으로 들어온다
부끄러운 젖가슴을 감추고
힐끔힐끔 주위를 곁눈질하며
풍만한 둔부의 여인들
아랫도리를 온천탕 안으로 집어넣는다

아이 대여섯은 순산했을 저 음부는
얼마나 뜨거웠을까
몸을 담그는 순간
온천수는 점점 뜨거워지고
뜨겁게 뜨겁게 데우는 동안
인물 좋은 엉덩이에 자꾸 눈길이 간다

소나무 뒤에 숨어서 훔쳐보는 바람도
담장 위에 기웃거리는 새들도
하늘 낮은 낮달도
이 순간만큼은 다 한통속이다

가려진 것들 사이로
엉덩이만 도드라져 보이는 수안보 노천탕
어차피 겉모습은 표면일 뿐
저 여인들의 진면목은 엉덩이에 있다

—「수안보 노천탕」 전문

김이수 시인은 『나는 오른쪽을 사랑하지만 왼쪽은 나를 사랑한다』의 전체에서 이 바꾸어 말하기 전략을 유감없이 구사했다. 가장 많이 사용한 것은 사람 아닌 것을 사람으로 바꿔서 말하는 의인법이었으며, 그것들은 향토 사랑, 농민 사랑과 함께 소외계층에 관한 사랑 등을 꽃 피우는 언어의 손길이 되었다. 다음은 바꾸어 말하기의 정점이 되는 '말 안 되게 말을 바꾸어' 표현하기를 통하여 현대인의 '엇갈린' 사랑과 그 아픔의 차가운 시간을 노래하고 있다. 그리고 인접성에 따라 부분으로 전체를 드러내는 환유적 언술로 맛깔난 재미를 나눠주면서 현대의 도시적 문명과 그 병리적 현상을 날카롭게 긁어대는 수단으로 삼았다. 나아가 서정 장르인 시를 기본적으로 배신하는 서사적 이야기 구조로 바꾸어 말하는 이른바 이야기시를 통하여 농업이나 농촌 사회의 구조적 모순을 비판하기도 한다. 이 모든 것들의 바탕에서 강하게 꿈틀대고 있는 것은 시인의 '사람 사랑'이다.

김이수의 첫 시집 『나는 오른쪽을 사랑하지만 왼쪽은 나를 사랑한다』는 다양한 '바꾸어 말하기'의 재능을 꺼내 보임으로써 눈길을 끈다. 그리고 그것으로 농민을 비롯한 주변인들에 대한 폭넓은 사랑의 꽃을 피워 선사하는 즐거운 꽃밭이다.

문학의전당 시인선 384

나는 오른쪽을 사랑하지만 왼쪽은 나를 사랑한다

ⓒ 김이수

초판 1쇄 인쇄 2024년 10월 17일
초판 1쇄 발행 2024년 10월 25일
지은이 김이수
펴낸이 고영
디자인 헤이존
펴낸곳 문학의전당
출판등록 제448-251002012000043호
주소 충북 단양군 적성면 도곡파랑로 178
전화 043-421-1977
전자우편 sbpoem@naver.com

ISBN 979-11-5896-668-3 03810

*이 시집은 충청북도, 충북문화재단의 후원을 받아 예술창작활동지원사업의 일환으로 발간되었습니다.

충청북도 CHUNGCHEONGBUK-DO 충북문화재단 Chungbuk Cultural Foundation